I ♥ BERRIES

Christin Geweke

I  BERRIES

Fotos von Frauke Antholz

Hölker Verlag

·INHALT·

I LOVE BERRIES

Wie kaum ein anderes Obst stehen die kleinen, bunten, fruchtig-frischen Früchtchen für Sommer, Sonne und Gartenzeit. Eben gepflückt, wandern viele von ihnen direkt in den Mund anstatt ins Eimerchen und sorgen pur schon für Verzückung. Doch auch in saftigen Kuchen und feinen Torten, als cremiger Aufstrich zum Frühstück, als eiskaltes Dessert oder im Smoothie machen Beeren eine ziemlich gute Figur. Zeit also, ihnen einen gebührenden Auftritt zu verleihen!

Dabei wollen wir es mit der botanischen Begriffsbestimmung mal nicht allzu genau nehmen, da nicht alle Früchte, die mit Nachnamen Beere heißen, auch tatsächlich Beeren sind – und andererseits Frau Weintraube eigentlich mit Frau Weinbeere angesprochen werden müsste. Würden wir danach gehen, müssten wir auf viele großartige Geschmäcker verzichten und würden damit wahrscheinlich für viel Verwirrung sorgen: Die Erdbeere zum Beispiel, wahrscheinlich das Lieblingsobst schlechthin und auch als Königin unter den Beeren bezeichnet, ist streng genommen gar keine, sondern zählt zu den Sammelnussfrüchten. Ähnlich verhält es sich mit Himbeeren und Brombeeren. Doch sollten wir sie hier deshalb vernachlässigen? Wohl kaum. Einigen wir uns darauf, neben den »echten Beeren« wie Johannis-, Stachel- und Blaubeeren einfach alle kleinen, weichen, rundlichen essbaren Früchte, die nicht an Bäumen wachsen, dem Beerenobst zuzuordnen und genauere wissenschaftliche Definitionen außen vor zu lassen.

Genauso locker wie lecker wollen wir es auch mit den Rezepten halten. Dort finden sich in erster Linie solche Beeren, die gut schmecken, leicht zu bekommen sind und zum jeweiligen Gericht passen. Da sich über Geschmack bekanntlich streiten lässt, steht es jedem frei, die Beeren in den Rezepten auszutauschen – was bei vielen ohne Weiteres möglich ist.

BEERENSAISON

Die beste Zeit, um sich an den verschiedenen Rezepten in diesem Buch auszuprobieren, ist natürlich der Sommer, wenn die meisten Beeren bei uns Saison haben – doch was, wenn man auch im restlichen Jahr nicht auf sie verzichten mag? In vielen Supermärkten sind »frische« Beeren schon ab Februar oder noch eher zu bekommen, in der Regel haben sie dann einen langen Flug hinter sich und können mit Pestizidrückständen belastet sein. Wesentlich besser und umweltschonender lässt sich die schönste aller Jahreszeiten mit getrockneten Beeren und Tiefkühlfrüchten verlängern. Daher sind in vielen Rezepten TK-Beeren als Alternative angegeben, vor allem dann, wenn sie zu Fruchtpüree oder Soßen verarbeitet werden. Man sollte aber auch hier beim Kauf auf eine gute, am besten Bio-Qualität achten. Oder aus den eigens geernteten Beeren einen kleinen Vorrat im Gefrierschrank anlegen. Doch machen wir uns nichts vor: Frische Beeren aus der Region sehen nicht nur schöner aus, sie schmecken auch am aromatischsten.

Beerenobst	Erntezeitraum	Ein kleines Porträt
Blaubeeren	Ende Juni–Ende August	Blaubeeren sind auch bekannt als Heidelbeeren, Schwarzbeeren oder Bickbeeren. Am häufigsten kommen bei uns die großen samtig-blauen Kulturheidelbeeren vor, die von amerikanischen Wildarten abstammen. Blaubeeren sind kalorienarm und sehr gesund – sie enthalten jede Menge Folsäure, Eisen und Vitamin C und können zu einer besseren Verdauung beitragen. Wegen ihrer antioxidativen Wirkung gelten sie nicht umsonst als Superfood.
Brombeeren	Juli–Oktober	Die süß-säuerlichen, blauschwarz glänzenden Brombeeren sehen nicht nur schön aus, sondern sind auch wahre Vitaminbomben, die viel Provitamin A und Vitamin C enthalten. Aus ihren Blättern lässt sich zudem ein leckerer Tee zubereiten, dem verdauungsfördernde und entzündungshemmende Eigenschaften nachgesagt werden.
Erdbeeren	Mai–Ende Juli	Erdbeeren stehen nicht ohne Grund auf dem Beeren-Beliebtheitstreppchen ganz oben, gibt es doch kaum jemanden, der ihrem einmalig süß-fruchtigen Geschmack widerstehen kann! Übrigens sind kleinere Exemplare oft aromatischer als große und außerdem besonders nahrhaft und gesund: reich an Vitamin C, Magnesium und Calcium und absolut kalorienarm. Dazu wirken die in ihnen enthaltenen sekundären Pflanzenstoffe entzündungshemmend und blutdrucksenkend.
Himbeeren	Ende Mai–September	Himbeeren sind nahe Verwandte der Brombeere. Das zeigen vor allem die violetten und schwarzen Himbeersorten. Besonders beliebt ist bei uns aber die süß-saftige rote Himbeere, die genau wie ihre Kollegen mit Samthandschuhen angefasst werden möchte, da sie sehr druckempfindlich ist. Punkten kann sie dafür mit einem außergewöhnlich hohen Gehalt an Eisen und vielen Vitaminen.
Holunderbeeren	August–September	Die Beeren des Schwarzen Holunderstrauchs besitzen zahlreiche gesundheitsfördernde Inhaltsstoffe, darunter die Vitamine A und C sowie Zink und Eisen. Zu Saft gepresst, sind sie ein beliebtes Heilmittel bei Erkältungen und Fieber. Allerdings sollten die Beeren niemals roh verzehrt werden, da sie das leicht giftige Sambunigrin enthalten, das unter anderem Erbrechen, Durchfall oder sogar Herzrhythmusstörungen hervorrufen kann. Durch Erhitzen wird es unschädlich gemacht.

Beerenobst	Erntezeitraum	Ein kleines Porträt
Johannisbeeren	Ende Juni–Ende August	Johannisbeeren gibt es in Rot, Weiß oder Schwarz. Je nach Farbe variieren sie stark im Geschmack. Rote Johannisbeeren schmecken säuerlich-frisch, ihre weißen Geschwister sind etwas milder und süßer. Schwarze Johannisbeeren werden kaum roh verzehrt, da sie ziemlich herb und leicht bitter schmecken, dafür haben sie aber die Nase vorn, was ihren Gesundheitswert angeht. Sie enthalten nämlich wesentlich mehr Vitamine und Ballaststoffe als rote und weiße Johannisbeeren. Sehr beliebt sind sie in Frankreich, wo sie zum berühmten Cassislikör verarbeitet werden.
Preiselbeeren	August–Oktober	Preiselbeeren machen sich vor allem eingekocht zu Konfitüre wunderbar als süße Beigabe zu deftigen Speisen wie Wild oder Camembert. Sie schmecken aber auch in Gebäck oder Nachspeisen. Nur roh mag sie kaum jemand, da sie recht bitter sind. Doch gerade die enthaltenen Bitterstoffe sorgen für jede Menge heilungsfördernde Eigenschaften. Auch ihre amerikanischen Verwandten, die Cranberrys, sind wahre Gesundmacher und kommen zum Beispiel bei Blasenentzündungen zum Einsatz.
Sanddorn	Ende August–Anfang Oktober	Sanddornsträucher gedeihen vor allem in Dünenlandschaften, darum trifft man die kleinen gelb bis orangerot leuchtenden Beeren häufig an der Nord- und Ostsee. Sie sind außergewöhnlich reich an Vitamin C, Mineralien und Spurenelementen und deshalb besonders wertvoll für das Immunsystem. Zudem enthalten sie viele ungesättigte Fettsäuren. Pur schmecken Sanddornbeeren ziemlich sauer, daher werden sie meist zu Saft gepresst und zum Beispiel zu Gelee weiterverarbeitet.
Stachelbeeren	Ende Juni–August	Stachelbeeren gibt es in unterschiedlichen Farben: in Grün mit hübschem Streifenmuster bis hin zu rötlichen oder goldgelben Exemplaren. Unverarbeitet schmecken sie leicht bitter und herb, obwohl sie einen vergleichsweise hohen Zuckergehalt haben. Aber in Gebäck oder eingekocht zu Konfitüre machen sich Stachelbeeren ganz hervorragend und sorgen nicht nur für eine tolle frisch-fruchtige Note, sondern überzeugen auch durch ihre vielen guten Inhaltsstoffe wie Vitamin C oder Folsäure.

ERNTE, KAUF UND LAGERUNG

Weil die meisten Beeren nach dem Pflücken nicht mehr nachreifen, sollten sie nur in vollreifem Zustand geerntet werden. Wann es so weit ist, erkennt man daran, dass die Früchte eine intensiv-leuchtende Farbe haben, aromatisch duften und sich leicht und ohne großen Widerstand abpflücken lassen. Auch Vögel und Insekten, die sich für süße, voll ausgereifte Beeren mindestens genauso interessieren wie wir, sind ein guter Hinweis für den richtigen Erntezeitpunkt. Wenn man nicht selber erntet, sondern auf Beeren vom Wochenmarkt oder aus dem Supermarkt zurückgreift, sollte man sich immer auf seine Augen verlassen (Vorsicht bei Druckstellen, matschigen Früchten und Verfärbungen!) und gerne auch gründlich an ihnen schnuppern.

Beeren zählen zu den leicht verderblichen Lebensmitteln und sollten nach dem Ernten oder Kauf möglichst schnell verzehrt werden. So profitiert man optimal von ihren zahlreichen wertvollen Inhaltsstoffen wie Provitamin A, Vitamin B1, B2 und C sowie Calcium und Eisen. Möchte man sie dennoch für einige Zeit lagern, sollten als Erstes faulige Früchte aussortiert werden, die besonders anfällig für Schimmel sind (entdeckt man in einem Schälchen ein paar Beeren mit Schimmelbefall, dürfen auch alle anderen nicht mehr verzehrt werden). Die guten Beeren können im Gemüsefach des Kühlschranks aufbewahrt werden. Hier sollten sie nicht über-, sondern nebeneinander liegen, damit sie keine Druckstellen bekommen. Erdbeeren, Himbeeren und Johannisbeeren halten sich so gelagert bis zu drei Tage. Letztere sollten allerdings vor dem Lagern gewaschen, entstielt und gründlich trocken getupft werden. Blaubeeren können eine bis maximal zwei Wochen gelagert werden, büßen aber eventuell nach einiger Zeit an Geschmack ein. Frische

grüne Stachelbeeren sind da etwas pflegeleichter, sie halten sich ab Ernte bis zu drei Wochen.

BEEREN PUTZEN

Einige Beeren wie Himbeeren oder Brombeeren sind so empfindlich, dass sie nicht unter fließendem Wasser gewaschen werden sollten. Bio-Beeren braucht man in der Regel nur gründlich zu verlesen und kann sie dann einfach so in den Mund stecken. Sollten einige Exemplare stärker verschmutzt sein, kann man eine Schüssel mit kaltem Wasser füllen und die Beeren kurz hineintauchen. Anschließend auf Küchenpapier abtropfen lassen oder vorsichtig trocken tupfen. Robustere Beeren lassen sich gut in einem Sieb waschen, aber auch da sollten zu energisches Rütteln und ein zu starker Wasserstrahl vermieden werden, damit sie nicht aufplatzen.

Erdbeeren müssen nach dem vorsichtigen Waschen von den grünen Kelchblättern befreit werden, die nicht mitverzehrt werden können. Die Früchte nicht bereits vor dem Waschen putzen, denn so könnten sich die Beeren mit Wasser vollsaugen und dadurch an Geschmack verlieren.

Bei Johannisbeeren kann man einfach die ganzen Rispen in stehendes Wasser tauchen. Anschließend gut abtropfen lassen oder trocken tupfen und dann die einzelnen Beeren entweder vorsichtig mit den Fingern oder mithilfe einer Gabel abstreifen.

ZUBEREITUNGSARTEN

Genauso vielfältig wie die kleinen Früchtchen selbst sind auch ihre Verwendungsmöglichkeiten in der Küche. Eingekocht zu **Konfitüre** oder **Gelee,** kann man sie für lange Zeit haltbar machen und somit das ganze Jahr über in ihren süßen Genuss kommen. Klein geschnitten und zu einem leckeren **Kompott** verarbeitet, schmecken sie warm oder lauwarm zu Eis, Cremes oder Milchreis. Püriert und durch ein feines Sieb passiert, kann man aus dem so entstandenen **Beerenpüree** leckere **Fruchtspiegel** oder **Soßen** für Desserts, einen **Guss** für Torten, fruchtige **Sorbets** und **Eiscreme** oder auch einen süßen **Sirup** zum Aromatisieren von Getränken herstellen. Und im Ganzen machen sich Beeren natürlich wunderbar in frischem Obstsalat oder in Gebäck – ob in Keksen, Tartes oder Kuchen. Der Vielfalt beim Backen und Kochen sind kaum Grenzen gesetzt!

BEEREN TROCKNEN

Beeren schmecken nicht nur frisch, sondern auch in getrockneter Form, in der sie zum einen lange Zeit aufbewahrt werden können und zum anderen auch viele ihrer wertvollen Inhaltsstoffe behalten. Dafür werden sie geputzt und größere Früchte in Scheiben oder Würfel geschnitten. Bei hohen Außentemperaturen kann man sie in ein paar Tagen an der Luft trocknen. Dazu sollten die Beeren nebeneinander an einem warmen, trockenen Ort auf einem Küchentuch ausgebreitet und gelegentlich mit einem Holzlöffel gewendet werden. Dabei ist es besonders wichtig, dass die Beeren genügend Platz haben und die Luft um sie herum zirkulieren kann. Eine andere Methode, die sich vor allem für wasserhaltige Beeren und schlechte Wetterbedingungen eignet, ist das Trocknen im Backofen. Dazu die Beeren nebeneinander auf einem mit Backpapier belegten Gitterrost ausbreiten und bei 40 °C je nach Sorte und Größe in 5–10 Stunden trocknen. Dabei sollte die Backofentür die ganze Zeit über einen Spalt geöffnet bleiben, damit austretende Feuchtigkeit entweichen kann.

Wem das zu lange dauert, kann auf getrocknete oder gefriergetrocknete Beeren aus dem Super- oder Biomarkt zurückgreifen. Die Gefriertrocknung ist eine besonders schonende, aber auch aufwendige Trocknungsmethode, bei der den Beeren fast der gesamte Wassergehalt entzogen wird. Zwar ändert sich dabei stark deren Textur, jedoch bleiben Farbe, Außenhülle und Fasern intakt und somit auch Geschmack und Nährwert ohne Einbußen und die Zugabe von Zusatzstoffen erhalten.

BEEREN EINFRIEREN

Auch beim Einfrieren, das sich für sämtliche Beerensorten hervorragend eignet, bleiben Geschmack und Form weitgehend erhalten. Dazu sollten die Beeren zunächst gewaschen, geputzt und gründlich trocken getupft werden, so lassen sie sich nach dem Auftauen direkt weiterverarbeiten. Die Beeren nebeneinander auf einem kleinen Tablett ausbreiten und im Tiefkühlfach kurze Zeit anfrieren. Sobald sie sich hart anfühlen, können sie in eine Gefrierdose oder einen Gefrierbeutel umgefüllt werden. So verhindert man, dass die Beeren aneinanderkleben. Auch Fruchtpüree oder -soße kann man ohne Probleme in einem gut verschließbaren Behälter einfrieren. Tiefgefrorenes Beerenobst hält sich bis zu einem Jahr.

· WHAT A BERRYFUL DAY ·

BEERENSTARK IN DEN TAG

SCHOKO-PANCAKES MIT BLAUBEEREN

[ZUBEREITEN: CA. 40 MIN.   QUELLEN: CA. 20 MIN.]

FÜR 12-15 PANCAKES

Für den Teig:

2 Eier (Größe L)

25 g Butter

130 g Mehl

30 g Zucker

½ Pck. Vanillezucker

1½ EL Kakaopulver

2 TL Backpulver

250 ml Buttermilch

1 Prise Salz

200 g Blaubeeren

Für das Topping:

40 g Mandelblättchen

75 g Butter

2 EL Honig

½ Pck. Vanillezucker

Puderzucker zum Bestäuben

Außerdem:

Butter zum Ausbacken

1 Für den Teig die Eier trennen. Die Butter in einem kleinen Topf schmelzen, dann etwas abkühlen lassen. Mehl, Zucker, Vanillezucker, Kakao und Backpulver in einer Schüssel vermengen. Eigelbe, Buttermilch und Butter zufügen und alles zu einem glatten Teig verrühren. Die Eiweiße mit dem Salz steif schlagen und behutsam unterheben. Den Teig ca. 20 Minuten quellen lassen. Die Blaubeeren verlesen, vorsichtig waschen und trocken tupfen. Ca. 50 g zum Garnieren beiseitelegen.

2 Den Backofen auf 80 °C vorheizen. Etwas Butter in einer Pfanne bei mittlerer Temperatur erhitzen. Zwei kleine Kellen Teig hineingeben. Die Pancakes ca. 2 Minuten backen, bis der Teig Blasen schlägt. Dann ein paar Blaubeeren darauf verteilen. Die Pancakes vorsichtig wenden und von der anderen Seite in 1–2 Minuten fertig backen. Die übrigen Pancakes genauso zubereiten, zwischendurch die Pfanne auswischen. Fertige Pancakes im Ofen warm halten.

3 Für das Topping die Mandelblättchen in einer zweiten Pfanne ohne Fett unter Rühren goldbraun rösten. Die Butter in einem kleinen Topf zerlassen, Honig und Vanillezucker unterrühren.

4 Die Pancakes auf Teller verteilen, mit warmer Honigbutter beträufeln, mit gerösteten Mandelblättchen und Blaubeeren garnieren und mit Puderzucker bestäubt servieren.

RASPBERRY LEMON CURD

[ZUBEREITEN: CA. 50 MIN.]

FÜR 500–600 ML

600 g Himbeeren (alternativ
500 g TK-Himbeeren, aufgetaut)

Abrieb und Saft von 1 großen
Bio-Zitrone

150 g Zucker

1 Pck. Vanillezucker

200 g zimmerwarme Butter

4 Eier (Größe L)

1 Die Himbeeren verlesen und mit 1–2 EL Wasser in einem Topf so lange köcheln lassen, bis sie zerfallen. Das Püree durch ein feines Sieb in eine Metallschüssel streichen, die Kerne entsorgen. (Es werden 250 g Himbeerpüree benötigt.)

2 Zitronensaft, Zucker, Vanillezucker und Butter mit dem Himbeerpüree verrühren. Die Eier unterschlagen. Die Schüssel auf ein heißes Wasserbad setzen und die Masse langsam auf ca. 70 °C erhitzen, dabei ständig rühren, bis sie eindickt. Das dauert ca. 30 Minuten. Dabei sollte der Schüsselboden das Wasser nicht berühren und die Creme keinesfalls über 80 °C heiß werden, da die Eiermasse sonst gerinnen könnte. Am besten man überprüft die Temperatur ab und an mit einem Küchenthermometer. Sobald die Masse dickcremig ist, die Schüssel vom Wasserbad nehmen und den Zitronenabrieb unterrühren.

3 Die Creme in sterilisierte Gläser füllen. Gut verschlossen hält sich der Raspberry Lemon Curd im Kühlschrank max. 2 Wochen. Nach Anbruch sollte man ihn in wenigen Tagen verbrauchen.

· TIPP ·

Um zu überprüfen, ob die Creme fertig ist, kann man einen Holzlöffel hineintauchen und daraufpusten. Bildet sich ein wellenförmiges Muster, das an eine Rose erinnert, ist der Curd fertig. Beim Auskühlen dickt er dann noch nach und wird schön streichfähig.

BEEREN-OBST-SALAT MIT JOGHURT UND MINZE

[ZUBEREITEN: CA. 30 MIN.   ZIEHEN: 20 MIN.]

FÜR 4 PERSONEN

Für den Salat:

2 große Äpfel

1 Birne

4 Pfirsiche

Je 50 g Rote Johannisbeeren, Blaubeeren und Himbeeren

100 g kernlose Weintrauben

100 g Erdbeeren

Abrieb von ½ und Saft von 2 großen Bio-Orangen

2 TL Ahornsirup

Für den Joghurt:

200 g griechischer Joghurt (10 % Fettanteil)

2 EL Ahornsirup

½ TL Zimt

Außerdem:

2 Handvoll geschälte Haselnusskerne zum Bestreuen

1 Handvoll Minzeblättchen zum Garnieren

Puderzucker zum Bestäuben

1 Für den Salat Äpfel und Birne schälen und mit einem kleinen Kugelausstecher ausstechen oder ohne Kerngehäuse in Würfel schneiden. Die Pfirsiche waschen, trocken tupfen, halbieren, entkernen und in Scheiben schneiden.

2 Alle Beeren verlesen, vorsichtig waschen, ggf. putzen und trocken tupfen. Die Johannisbeeren von den Rispen streifen. Die Weintrauben abzupfen und halbieren, die Erdbeeren je nach Größe halbieren oder vierteln. Das Obst in eine Schüssel geben. Orangenabrieb und -saft mit Ahornsirup verrühren und über das Obst gießen. Alles behutsam vermengen und 20 Minuten ziehen lassen.

3 Währenddessen den Joghurt mit Ahornsirup und Zimt verrühren. Die Haselnusskerne in einer Pfanne ohne Fett unter häufigem Rühren goldbraun rösten, anschließend grob hacken.

4 Den Salat auf vier Schüsseln verteilen und je einen Klecks Joghurt daraufgeben. Mit Haselnusskernen bestreuen und mit Minze garniert und Puderzucker bestäubt servieren.

MINI-ZIMTSCHNECKEN MIT JOHANNISBEEREN

[ZUBEREITEN: 30–40 MIN.   GEHEN: 2 STD.   BACKEN: 20–25 MIN.]

FÜR 20–22 KLEINE
ZIMTSCHNECKEN

Für den Teig:

250 g Mehl + Mehl für die
Arbeitsfläche

1 Prise Salz

20 g Zucker

1 Pck. Vanillezucker

25 g Butter + Butter für die Form

15 g Frischhefe

100 ml lauwarme Milch + Milch
zum Bepinseln

1 Ei

Für die Füllung:

30 g Butter

30 g Zucker

2 TL Zimt

½ TL Kardamom

125 g Rote Johannisbeeren (alternativ
TK-Johannisbeeren, nicht aufgetaut)

Für die Glasur:

125 g Puderzucker

2 EL Milch

1 TL Zitronensaft

1 Für den Teig Mehl, Salz, Zucker und Vanillezucker in einer Schüssel vermengen. Die Butter in einem kleinen Topf zerlassen. Die Hefe zerbröseln und in der lauwarmen Milch auflösen. Die Hefemilch mit der abgekühlten zerlassenen Butter und dem Ei zur Mehlmischung geben und alles in ca. 5 Minuten zu einem geschmeidigen Teig verkneten. Die Schüssel mit Frischhaltefolie abdecken und den Teig 1½ Stunden gehen lassen.

2 Für die Füllung die Butter in einem kleinen Topf zerlassen. Den Teig auf der bemehlten Arbeitsfläche zu einem ca. 20 x 40 cm großen und ca. 3 mm dünnen Rechteck ausrollen und mit der Butter bestreichen, dabei auch die Ränder bepinseln. Zucker, Zimt und Kardamom mischen und gleichmäßig auf die Butter streuen, dabei am oberen langen Ende einen kleinen Rand aussparen. Die Johannisbeeren behutsam waschen, trocken tupfen und von den Rispen streifen. Gleichmäßig auf der Zuckermischung verteilen. Den Teig von der unteren Längsseite her eng aufrollen und in 20–22 ca. 2 cm dicke Scheiben schneiden. Die Scheiben mit mindestens 1 cm Abstand in eine gebutterte Form (ca. 20 x 30 cm) setzen, mit Frischhaltefolie abdecken und weitere 30 Minuten gehen lassen.

3 Den Backofen auf 190 °C vorheizen. Die Zimtschnecken mit Milch bepinseln und in 20–25 Minuten goldbraun backen. Für die Glasur Puderzucker, Milch und Zitronensaft verrühren und die lauwarm abgekühlten Zimtschnecken damit verzieren.

ERDBEER-SCONES MIT GERÖSTETEN PINIENKERNEN

[ZUBEREITEN: 20–30 MIN.   BACKEN: 15–17 MIN.]

FÜR CA. 6 KLEINE SCONES

60 g Erdbeeren (alternativ TK-Erdbeeren, nicht aufgetaut)

25 g Pinienkerne

300 g Mehl

1 TL Backpulver

1 Prise Salz

30 g Zucker

60 g kalte Butter

1 Ei

100 ml Milch

Abrieb von ½ Bio-Zitrone

Außerdem:

Mehl für die Arbeitsfläche

1 EL brauner Zucker zum Bestreuen

1 Die Erdbeeren waschen, trocken tupfen, putzen und je nach Größe vierteln oder achteln. Die Pinienkerne in einer Pfanne ohne Fett unter häufigem Rühren goldbraun rösten, anschließend grob hacken.

2 Den Backofen auf 220 °C vorheizen. Mehl, Backpulver, Salz und Zucker in einer Schüssel mischen. Die kalte Butter würfeln, zufügen und mit den Fingern unterkneten. Das Ei mit der Milch verquirlen, die Mischung in die Schüssel geben und alles zu einem glatten, leicht klebrigen Teig verkneten. Erdbeeren, Pinienkerne und Zitronenabrieb kurz untermengen.

3 Den Teig auf der bemehlten Arbeitsfläche mit leicht bemehlten Händen zu einem 2,5 cm dicken Fladen flach drücken und daraus Kreise (Ø 6 cm) ausstechen. Mit braunem Zucker bestreuen. Die Scones auf ein mit Backpapier ausgelegtes Backblech setzen und in 15–17 Minuten goldbraun backen.

· TIPP ·

Die Scones schmecken auch mit Himbeeren und grob gehackten karamellisierten Mandeln.

CRANBERRY BREAD & BUTTER PUDDING

[ZUBEREITEN: CA. 20 MIN.   BACKEN: 25–30 MIN.   EINWEICHEN: MIND. 1 STD.]

FÜR 4–6 PERSONEN BZW.
1 BACK- ODER AUFLAUFFORM
(CA. 20 X 24 CM)

50 g getrocknete Cranberrys
Saft und Abrieb von ½ Bio-Orange
8 große Scheiben süßes Weißbrot
40 g zimmerwarme Butter
4 EL rote Beerenkonfitüre nach Wahl
40 g gehackte Mandeln
250 ml Milch
250 g Crème fraîche
2 Eier (Größe L)
40 g brauner Zucker
½ TL Zimt

Außerdem:
Butter für die Form
Puderzucker zum Bestäuben

1 Die Cranberrys für mindestens 1 Stunde im Orangensaft einweichen. Anschließend abgießen und den Saft auffangen. Die Weißbrotscheiben nach Belieben von der Rinde befreien, mit Butter und Konfitüre bestreichen und zweimal diagonal halbieren, sodass pro Brotscheibe vier Dreiecke entstehen.

2 Die Hälfte der Brotecken mit der bestrichenen Seite nach oben in die gebutterte Form schichten. Die Hälfte der Cranberrys und Mandeln darüberstreuen. Mit dem übrigen Brot und den restlichen Cranberrys und Mandeln ebenso verfahren.

3 Den Backofen auf 190 °C vorheizen. Milch, Crème fraîche, den aufgefangenen Orangensaft, Eier, Zucker, Zimt und Orangenabrieb verrühren und gleichmäßig über den Bread & Butter Pudding gießen. Ca. 5 Minuten einweichen lassen, dabei die obere Brotschicht zwischendurch leicht in die Flüssigkeit drücken.

4 Die Form in den Ofen stellen und den Bread & Butter Pudding in 25–30 Minuten goldbraun backen. Aus dem Ofen nehmen, kurz abkühlen lassen, dann noch lauwarm mit Puderzucker bestäubt servieren.

SANDDORN- UND HOLUNDERBEERGELEE

[ZUBEREITEN: 10 BZW. 30 MIN.   ZIEHEN: CA. 30 MIN.   KOCHEN: 4 BZW. CA. 20 MIN.]

FÜR 3 KLEINE SCHRAUBGLÄSER (À 250 G)

500 ml Sanddornsaft (Reformhaus oder sebst gemacht, s. Tipp)
250 g Gelierzucker 2:1
Saft und Abrieb von ½ Bio-Zitrone
2 EL Calvados

1 Den Sanddornsaft mit dem Gelierzucker in einem Topf vermischen. Zitronensaft und -abrieb unterrühren. Die Mischung ca. 30 Minuten zugedeckt stehen lassen, bis sich der Zucker aufgelöst hat. Anschließend die Saftmischung unter Rühren erhitzen und 4 Minuten sprudelnd kochen lassen. Den Calvados unterrühren und das Gelee sofort in sterilisierte Gläser füllen und verschließen.

· TIPP ·

Für selbst gemachten Sanddornsaft 1 kg Sanddornbeeren mit 100 g Zucker und 500 ml Wasser bei niedriger Temperatur einige Minuten köcheln lassen. Anschließend durch ein feines Sieb streichen, dabei die Beeren leicht ausdrücken.

FÜR 3-4 SCHRAUBGLÄSER (À 400 G)

1 kg Holunderbeeren
300 ml Apfelsaft
1 kg Gelierzucker 1:1
2 EL Limettensaft

1 Die Beeren von den Zweigen streifen, gründlich waschen und abtropfen lassen. Mit 250 ml Wasser zugedeckt in einem Topf ca. 5 Minuten kochen, bis sie aufplatzen. Ein Sieb mit einem Passiertuch auslegen und auf eine Schüssel setzen. Die Beeren in das Sieb geben und den Saft abtropfen lassen. Die Beeren gründlich auspressen. Ca. 700 ml Holunderbeersaft abmessen und mit Apfelsaft, Gelierzucker und Limettensaft in einem Topf aufkochen. Unter Rühren ca. 15 Minuten sprudelnd kochen lassen, bis die Flüssigkeit geliert. (Zur Probe einen Tropfen auf einen kalten Teller geben: Wird dieser sofort fest, ist das Gelee fertig.) Den Schaum, der sich während des Kochens bildet, von der Oberfläche abschöpfen. Das Gelee noch heiß in sterilisierte Schraubgläser füllen und gut verschließen.

MÜSLI MIT GOJI-BEEREN

[ZUBEREITEN: CA. 30 MIN.   BACKEN: CA. 23 MIN.]

FÜR CA. 8 PORTIONEN

50 g geschälte Mandeln

50 g geschälte Haselnusskerne

125 g kernige Haferflocken

125 g feine Haferflocken

2 EL helle Sesamsamen

25 g Sonnenblumenkerne

25 g Kürbiskerne

50 ml Rapsöl

50 ml Ahornsirup

50 g brauner Zucker

2½ EL Tahin (Sesampaste)

30 g grobe Kokosraspel

50 g getrocknete Goji-Beeren

25 g getrocknete Cranberrys

20 g gefriergetrocknete Blaubeeren

20 g gefriergetrocknete Himbeeren

Außerdem:
Vollmilch oder Naturjoghurt
zum Servieren

1 Den Backofen auf 175 °C vorheizen, ein Backblech mit Backpapier auslegen. Mandeln und Haselnüsse in einen Gefrierbeutel geben und mit dem Nudelholz grob zerstoßen. In einer Schüssel mit Haferflocken, Sesamsamen, Sonnenblumen- und Kürbiskernen mischen.

2 Öl, Ahornsirup, Zucker und Tahin in einem kleinen Topf unter Rühren erhitzen, bis sich der Zucker aufgelöst hat. Zur Haferflockenmischung geben und alle Zutaten gründlich – am besten mit den Händen – vermengen, sodass sich kleine Klümpchen bilden.

3 Das Müsli gleichmäßig auf dem Backblech verteilen und ca. 18 Minuten backen, dabei zweimal wenden. Die Kokosraspel darüberstreuen und das Müsli in weiterer 5 Minuten goldbraun backen. Aus dem Ofen nehmen und vollständig auskühlen lassen.

4 Goji-Beeren, Cranberrys, Blaubeeren und Himbeeren miteinander vermengen, unter das Müsli mischen und alles in einen Glasbehälter füllen. Mit Milch oder Naturjoghurt servieren.

· TIPP ·

Wenn die Trockenbeerenmischung erst kurz vor dem Servieren mit dem Müsli vermengt und bis dahin beides getrennt voneinander aufbewahrt wird, bleibt das Müsli – luftdicht und trocken aufbewahrt – länger, nämlich bis zu einem Monat, haltbar.

• BERRYLICIOUS •

LECKEREIEN FÜR DIE KAFFEETAFEL

NO BAKE CAKE MIT HIMBEEREN UND KOKOS

[ZUBEREITEN: CA. 1 STD.   KÜHLEN: 30 MIN. + MIND. 5 STD.]

FÜR 1 SPRINGFORM (Ø 24 CM)

Für den Boden:
150 g Butterkekse
25 g feine Kokosraspel
1 TL Zucker
1 Prise Meersalz
100 g Butter

Für die Füllung:
500 g Himbeeren
5 Blatt Gelatine
200 ml ungesüßte cremige Kokosmilch
300 g Doppelrahm-Frischkäse
200 g Magerquark
150 g Puderzucker
Saft und Abrieb von 1 Bio-Limette
150 ml Sahne
75 g feine Kokosraspel

Außerdem:
Butter für die Form
Kokosraspel zum Bestreuen

1 Den Boden der Springform mit Backpapier auslegen. Die Butterkekse in einen Gefrierbeutel geben und mit dem Nudelholz fein zerstoßen. Mit Kokosraspeln, Zucker und Salz in einer Schüssel mischen. Die Butter in einem kleinen Topf zerlassen und gründlich mit der Keksmischung vermengen. Die Mischung gleichmäßig in der Form verteilen und gut am Boden andrücken. Für 30 Minuten in den Kühlschrank stellen.

2 Für die Füllung die Himbeeren verlesen, vorsichtig waschen und trocken tupfen. 125 g abwiegen, pürieren und durch ein feines Sieb streichen. Das Himbeerpüree beiseitestellen. Die restlichen Himbeeren gleichmäßig auf dem Boden verteilen. Dabei ca. 1 cm Platz zum Rand lassen.

3 Die Gelatine 5 Minuten in kaltem Wasser einweichen. Kokosmilch, Frischkäse, Quark, Puderzucker, Limettensaft und -abrieb glatt rühren. 3 EL Sahne in einem kleinen Topf erwärmen (sie darf nicht kochen!). Die Gelatine gut ausdrücken und in der heißen Sahne unter Rühren auflösen. Anschließend 3 EL der Kokosmasse untermischen und den Topfinhalt unter die restliche Kokoscreme rühren. Die übrige Sahne steif schlagen und mit den Kokosraspeln unter die Füllung ziehen.

4 Die Creme in die Form füllen und glatt streichen. Den Kuchen nach Belieben mit dem beiseitegestellten Himbeerpüree garnieren und für mindestens 5 Stunden, besser über Nacht, im Kühlschrank fest werden lassen. Zum Servieren mit einem spitzen, dünnen Messer vorsichtig am Rand entlangfahren, den Kuchen aus der Form lösen und auf eine Platte setzen. Mit Kokosraspeln bestreuen und in Stücke schneiden.

CASSIS-CUPCAKES

[ZUBEREITEN: 40–50 MIN.   BACKEN: 15–18 MIN.]

FÜR 12 CUPCAKES

Für den Teig:

200 g Schwarze Johannisbeeren
(alternativ TK-Johannisbeeren,
nicht aufgetaut)

100 g Butter

3 Eier

175 g Zucker

1 Pck. Vanillezucker

50 ml Milch

50 ml Buttermilch

150 g Mehl

50 g gemahlene Mandeln

1 EL Backpulver

1 Prise Salz

Saft und Abrieb von ½ Bio-Zitrone

Für das Frosting:

200 g zimmerwarme Butter

3 EL Cassissirup

200 g Doppelrahm-Frischkäse

250 g Puderzucker

Außerdem:

Nach Belieben Schwarze
Johannisbeeren, Minzeblättchen
und Puderzucker zum Garnieren

1   Den Backofen auf 180 °C vorheizen, ein Muffinblech mit zwölf Vertiefungen mit Papierförmchen auslegen.

2   Für den Teig die Beeren vorsichtig waschen, trocken tupfen und von den Rispen streifen. Die Butter in einem kleinen Topf zerlassen. Eier, Zucker und Vanillezucker in einer Schüssel schaumig schlagen. Butter, Milch und Buttermilch mischen und nach und nach unterrühren. Mehl, Mandeln, Backpulver und Salz vermengen und rasch untermischen. Zitronensaft und abrieb einrühren und die Beeren behutsam unterheben. Den Teig auf die Förmchen verteilen. Das Blech in den Ofen schieben und die Muffins in 15–18 Minuten goldbraun backen (Stäbchenprobe machen!). Anschließend aus dem Ofen nehmen und kurz abkühlen lassen. Dann aus den Mulden heben und vollständig auskühlen lassen.

3   Für das Frosting die Butter cremig rühren, dabei den Cassissirup unterziehen. Die Buttermasse mit dem Frischkäse glatt rühren, dann nach und nach den gesiebten Puderzucker untermischen. Die Creme in einen Spritzbeutel füllen und auf die ausgekühlten Muffins spritzen oder mit einer Palette darauf verstreichen. Die Cupcakes nach Belieben mit Johannisbeeren, Minze und Puderzucker garnieren.

BLAUBEER-BLONDIES

[ZUBEREITEN: 20-30 MIN.   BACKEN: CA. 25 MIN.]

FÜR 12 BLONDIES BZW.
1 BACKFORM (CA. 20 X 26 CM)

Für den Teig:

150 g weiße Schokolade

125 g Butter

200 g Blaubeeren (alternativ
TK-Blaubeeren, nicht aufgetaut)

4 Eier (Größe L)

80 g Zucker

1 Pck. Vanillezucker

125 g Mehl

1 Prise Salz

Abrieb von ½ Bio-Zitrone

Für die Glasur:

150 g weiße Schokoladenkuvertüre

1 Die Backform mit Backpapier auslegen. Für den Teig die Schokolade in Stücke brechen und über dem nicht allzu heißen Wasserbad unter gelegentlichem Rühren schmelzen. Die Butter zerlassen. Anschließend beides leicht abkühlen lassen. Die Blaubeeren verlesen, vorsichtig waschen und trocken tupfen.

2 Eier, Zucker und Vanillezucker in einer Schüssel dickschaumig schlagen. Die abgekühlte Schokolade und die zerlassene Butter unterrühren. Mehl und Salz zufügen und nur kurz untermischen, bis ein homogener Teig entstanden ist. Zitronenabrieb und Blaubeeren vorsichtig unterheben.

3 Den Backofen auf 180 °C vorheizen. Den Teig gleichmäßig in die Backform füllen und ca. 25 Minuten im Ofen backen (Stäbchenprobe machen!). Anschließend herausnehmen und in der Form auskühlen lassen.

4 Für die Glasur die Kuvertüre unter gelegentlichem Rühren über dem heißen Wasserbad schmelzen. Dann gleichmäßig auf dem ausgekühlten Blondie verteilen. Nach Belieben ein Wellenmuster einarbeiten. Die Glasur fest werden lassen und den Blondie in 6–7 cm große Stücke schneiden.

ERDBEER-SCHOKOLADEN-TORTE MIT VANILLECREME

[ZUBEREITEN: CA. 1 STD.   BACKEN: CA. 18 MIN.   KÜHLEN: 20 MIN. + MIND. 5 STD.]

FÜR 1 SPRINGFORM (Ø 24 CM)

Für den Teig:

80 g Mehl + Mehl für die Form

3 EL Kakaopulver

1 TL Backpulver

¼ TL Zimt

1 Prise Salz

60 g Zartbitterschokolade

40 g Butter + Butter für die Form

1 Ei (Größe L)

80 g Zucker

125 ml Milch

Für die Füllung:

250 g Quark (20 % Fettanteil)

150 g Doppelrahm-Frischkäse

150 g Naturjoghurt (3,5 % Fettanteil)

80 g Zucker

Mark von 1 Vanilleschote

4 Blatt Gelatine

2 EL Milch

100 ml Sahne

250 g Erdbeeren

Geraspelte Zartbitterschokolade zum Bestreuen

1 Den Backofen auf 200 °C vorheizen, die Springform mit Backpapier auslegen, den Rand buttern und mit Mehl bestäuben, überschüssiges Mehl herausklopfen. Für den Teig Mehl, Kakao, Backpulver, Zimt und Salz vermengen. Die Schokolade grob hacken und mit der Butter über dem heißen Wasserbad unter gelegentlichem Rühren schmelzen. Anschließend etwas abkühlen lassen. In einer Schüssel das Ei mit dem Zucker schaumig rühren, die Schokoladenmasse untermischen. Dann abwechselnd und in mehreren Schritten langsam die Mehlmischung und die Milch unterrühren, bis ein glatter Teig entstanden ist. Den Teig in die Form füllen und ca. 18 Minuten backen. Aus dem Ofen nehmen, kurz in der Form abkühlen lassen und auf ein Kuchengitter stürzen.

2 Für die Füllung Quark, Frischkäse, Joghurt, Zucker und Vanillemark glatt rühren. Die Gelatine 5 Minuten in kaltem Wasser einweichen. Die Milch in einem kleinen Topf erhitzen. Die Gelatine gut ausdrücken und bei niedriger Temperatur unter Rühren darin auflösen. Den Topf vom Herd ziehen, die Mischung lauwarm abkühlen lassen und nach und nach 4 EL Quarkmasse einrühren. Die Mischung zur restlichen Quarkmasse geben und unterrühren. Die Creme ca. 20 Minuten kalt stellen.

3 Die Sahne steif schlagen und unter die Creme heben. Den ausgekühlten Boden in einen Tortenring auf eine Platte setzen, die Füllung darauf verstreichen. Die Erdbeeren verlesen, waschen, trocken tupfen und putzen. Dann in feine Scheiben schneiden und fächerförmig auf der Creme verteilen. Die Torte für mindestens 5 Stunden kalt stellen. Zum Servieren den Ring entfernen und die Erdbeeren mit geraspelter Schokolade bestreuen.

JOHANNISBEER-ZITRONEN-KUCHEN

[ZUBEREITEN: 30–40 MIN.   BACKEN: 55–60 MIN.]

FÜR 1 KASTENFORM (25 CM)

240 g Mehl

2 TL Backpulver

1 Prise Salz

120 g zimmerwarme Butter

200 g Zucker

Abrieb und Saft von 1 Bio-Zitrone

Mark von 1 Vanilleschote

3 Eier

100 g Crème fraîche

40 g gemahlene Mandeln

150 g Rote Johannisbeeren
(alternativ TK-Johannisbeeren,
aufgetaut)

80 g brauner Zucker

Außerdem:
Butter und Mehl für die Form

1 Den Backofen auf 180 °C vorheizen. Die Kastenform gründlich buttern und mit Mehl ausstäuben, überschüssiges Mehl herausklopfen. Mehl, Backpulver und Salz in eine Schüssel sieben. In einer weiteren Schüssel Butter und Zucker cremig rühren, den Zitronenabrieb und das Vanillemark zufügen. Die Eier nacheinander unterschlagen. Anschließend abwechselnd esslöffelweise die Mehlmischung und die Crème fraîche einrühren. Die Mandeln unterheben.

2 Die Johannisbeeren vorsichtig waschen, trocken tupfen und von den Rispen streifen. Ein Drittel des Teiges in die Form füllen und mit der Hälfte der Johannisbeeren bestreuen. Wieder eine Schicht Teig und eine Schicht Beeren einfüllen, den restlichen Teig daraufgeben und glatt streichen. Den Kuchen 40 Minuten backen, dann mit Backpapier abdecken und in weiterer 15–20 Minuten fertig backen (Stäbchenprobe machen!).

3 Den Kuchen aus dem Ofen nehmen und 5 Minuten abkühlen lassen. Währenddessen braunen Zucker und Zitronensaft verrühren und über den noch heißen Kuchen träufeln. Den Kuchen vorsichtig aus der Form stürzen und auf einem Kuchengitter vollständig auskühlen lassen.

· TIPP ·

Dieser einfache Kuchen ist ein wahrer Allrounder und schmeckt mit Himbeeren, Blaubeeren oder Brombeeren mindestens genauso gut.

BUTTERMILCH-MANDEL-GUGELHUPF MIT WALDBEEREN

[ZUBEREITEN: 40–50 MIN.   BACKEN: 50–55 MIN.]

FÜR 1 GUGELHUPFFORM
(Ø 22 CM)

Für den Teig:

180 g zimmerwarme Butter

180 g Zucker

1 Pck. Vanillezucker

4 Eier

280 g Mehl

100 g geschälte gemahlene Mandeln

1 Pck. Backpulver

30 g Speisestärke

180 ml Buttermilch

140 g gemischte Waldbeeren nach Wahl (alternativ TK-Waldbeeren, aufgetaut)

1 EL Honig

Für den Guss:

125 g Puderzucker

2–3 EL Zitronensaft

Außerdem:

Butter und Mehl für die Form

40 g Mandelblättchen zum Bestreuen

1 Für den Teig die Butter mit Zucker und Vanillezucker schaumig schlagen. Die Eier nacheinander unterrühren. Mehl, Mandeln, Backpulver und Stärke vermengen und in mehreren Schritten abwechselnd mit der Buttermilch unter den Teig rühren. Die Beeren verlesen, vorsichtig waschen, trocken tupfen und ggf. putzen. Mit dem Honig fein pürieren.

2 Den Backofen auf 180 °C vorheizen. Die Gugelhupfform sorgfältig buttern und mit Mehl ausstäuben, überschüssiges Mehl herausklopfen. Die Hälfte des Teiges in die Form füllen. Den restlichen Teig mit den pürierten Beeren mischen und ebenfalls in die Form füllen. Beide Teige mithilfe einer Gabel spiralförmig verquirlen. Den Gugelhupf 50–55 Minuten backen (Stäbchenprobe machen!). Aus dem Ofen nehmen und 10 Minuten abkühlen lassen. Dann aus der Form stürzen und vollständig auskühlen lassen.

3 Die Mandelblättchen in einer Pfanne ohne Fett unter häufigem Rühren goldbraun rösten. Den Puderzucker mit dem Zitronensaft zu einem streichfähigen Guss glatt rühren und über den Gugelhupf gießen. Mit den Mandelblättchen bestreuen und die Glasur fest werden lassen.

HIMBEER-BISKUITROLLE

[ZUBEREITEN: CA. 1 STD.   BACKEN: CA. 12 MIN.   KÜHLEN: MIND. 1 STD.]

FÜR CA. 10 STÜCKE

Für den Teig:

4 Eier

1 Prise Salz

140 g Zucker

1 Pck. Vanillezucker

80 g Mehl

70 g Speisestärke

½ TL Backpulver

Für die Füllung:

2 Blatt Gelatine

300 ml Sahne

1 EL Zucker

1 Pck. Vanillezucker

Abrieb von ½ Bio-Zitrone

125 g Himbeeren (alternativ
TK-Himbeeren, nicht aufgetaut)

5 EL Raspberry Lemon Curd
(s. Rezept auf S. 17; alternativ
Himbeerkonfitüre)

Außerdem:

Zucker zum Bestreuen

Puderzucker zum Bestäuben

Nach Belieben Himbeeren
zum Garnieren

1 Den Backofen auf 200 °C vorheizen, ein Blech mit Backpapier auslegen. Für den Teig die Eier trennen. Die Eiweiße mit Salz und 2 EL kaltem Wasser steif schlagen, dabei 100 g Zucker einrieseln lassen. Die Eigelbe mit dem übrigen Zucker und dem Vanillezucker cremig rühren, dann vorsichtig unter den Eischnee mischen. Mehl, Speisestärke und Backpulver darübersieben und behutsam unterheben. Die Biskuitmasse gleichmäßig auf das Blech streichen und in ca. 12 Minuten goldbraun backen.

2 Ein Geschirrtuch mit Zucker bestreuen. Den Biskuitteig aus dem Ofen nehmen und auf das Tuch stürzen. Das Backpapier vorsichtig abziehen (evtl. mit etwas kaltem Wasser bepinseln, dann löst es sich leichter). Den Teig mit einem feuchten Tuch bedecken, damit er schön elastisch bleibt, dann auskühlen lassen.

3 Für die Füllung die Gelatine 5 Minuten in kaltem Wasser einweichen. Die Sahne in einer Schüssel halb steif schlagen, dabei Zucker und Vanillezucker einrieseln lassen. Die Gelatine ausdrücken und in einem Topf mit etwas Wasser bei niedriger Temperatur auflösen (die Flüssigkeit darf nicht kochen!). 2–3 EL der Sahne unter die Gelatine rühren, dann die Gelatinemischung zur restlichen Sahne geben und alles zu einer steifen Creme schlagen, den Zitronenabrieb unterheben.

4 Die Himbeeren verlesen, vorsichtig waschen und trocken tupfen. Den Biskuitteig dünn mit Curd einpinseln. Die Sahne darauf verstreichen, am oberen kurzen Rand ca. 3 cm frei lassen. Die Beeren auf der Sahne verteilen. Den Biskuitteig von der unteren kurzen Seite her mithilfe des Tuches vorsichtig aufrollen und mit der letzten Umdrehung auf die Kuchenplatte gleiten lassen, sodass die Nahtstelle unten liegt. Mindestens 1 Stunde kalt stellen. Anschließend mit Puderzucker bestäuben und nach Belieben mit Himbeeren garniert servieren.

ECLAIRS MIT BLAUBEER-JOGHURT-MOUSSE

[ZUBEREITEN: CA. 1 STD.   KÜHLEN: 15 MIN. + MIND. 1½ STD.   BACKEN: CA. 20 + 20 MIN.]

FÜR 12–15 ECLAIRS

Für die Füllung:

3 Blatt Gelatine

150 g Blaubeeren (alternativ
TK-Blaubeeren, aufgetaut)

Saft und Abrieb von 1 Bio-Limette

50 g brauner Zucker

1 EL Honig

1 EL Orangenlikör nach Belieben

150 g griechischer Joghurt
(10 % Fettanteil)

150 ml Sahne

Für den Teig:

125 ml Milch

125 g Butter

1 Prise Salz

180 g Mehl

1½ EL Zucker

4 Eier (Größe L)

Außerdem:

Puderzucker zum Bestäuben

1 Die Gelatine 5 Minuten in kaltem Wasser einweichen. Die Blaubeeren waschen und trocken tupfen. Mit Limettensaft und -abrieb, Zucker, Honig und Orangenlikör pürieren und durch ein feines Sieb streichen. Das Püree mit dem Joghurt verrühren. Die Gelatine ausdrücken und in etwas heißem (nicht kochendem!) Wasser auflösen. Lauwarm abkühlen lassen, dann 4 EL Joghurtmischung unterrühren. Anschließend die Gelatinemischung unter die restliche Joghurtmasse rühren. Die Mousse 15 Minuten kalt stellen, die Sahne steif schlagen. Die Joghurtmasse durchrühren und die Sahne unterheben. Die Mousse mindestens 1½ Stunden kalt stellen.

2 Die Milch mit 125 ml Wasser, Butter und Salz zum Kochen bringen. Mehl und Zucker vermengen und auf einmal unter stetigem Rühren mit einem Holzlöffel zugeben. Den Teig so lange rühren, bis er sich als schwerer Kloß vom Topfboden löst.

3 Den Backofen auf 200 °C vorheizen, zwei Bleche mit Backpapier auslegen. Den Teig in eine Schüssel geben und mit 1 Ei verrühren. Kurz ruhen lassen, dann nach und nach die übrigen Eier unterrühren. Den Teig in einen Spritzbeutel mit Sterntülle füllen und ca. 10 cm lange und 2,5 cm breite Teigzungen mit genügend Abstand zueinander auf die Bleche spritzen. Die Bleche nacheinander für ca. 20 Minuten in den Ofen schieben und die Eclairs goldbraun backen. Anschließend herausnehmen und auf einem Kuchengitter vollständig auskühlen lassen.

4 Die Mousse in einen Spritzbeutel füllen, die Hälfte der Eclairs umdrehen, sodass die flache Seite nach oben zeigt. Die Mousse daraufspritzen und die übrigen Eclairs obenauf setzen. Mit Puderzucker bestäubt servieren.

BERRIES & CREAM SPONGE CAKE

[ZUBEREITEN: CA. 1 STD.   BACKEN: 20–22 + 20–22 MIN.]

FÜR 2 SPRINGFORMEN (Ø 20 CM)

Für den Teig:

30 g Butter + Butter für die Formen

4 Eier (Größe L)

275 g Zucker

1 Pck. Vanillezucker

200 g Mehl + Mehl für die Formen

1 TL Backpulver

1 Prise Salz

Für die Füllung:

200 ml Sahne

1–2 EL Puderzucker

1 TL Saft und Abrieb von
½ Bio-Zitrone

200 g gemischte Beeren
(z. B. Himbeeren, Johannisbeeren, Jostabeeren, Blaubeeren oder Brombeeren; alternativ TK-Beeren, aufgetaut)

5 EL Himbeerkonfitüre

Außerdem:

1–2 Handvoll gemischte Beeren

Zitronenabrieb zum Garnieren

Puderzucker zum Bestäuben

1   Den Backofen auf 190 °C vorheizen und die Böden zweier Springformen mit Backpapier auslegen, die Ränder buttern und mit Mehl bestäuben, überschüssiges Mehl herausklopfen.

2   Für den Teig die Butter in einem kleinen Topf zerlassen. Die Eier trennen. Die Eigelbe mit Zucker und Vanillezucker in 3 Minuten schaumig schlagen, 100 ml warmes Wasser zugeben und die Mischung ca. 8 Minuten weiterschlagen, bis sie dickschaumig ist. Die abgekühlte Butter einrühren. Mehl, Backpulver und Salz darübersieben und kurz untermischen. Die Eiweiße steif schlagen und behutsam unterheben.

3   Den Teig gleichmäßig auf beide Springformen verteilen und nacheinander in 20–22 Minuten goldbraun backen. Aus dem Ofen nehmen und kurz abkühlen lassen. Dann die Kuchenböden aus den Formen lösen und auf einem Kuchengitter vollständig auskühlen lassen.

4   Für die Füllung die Sahne steif schlagen, dabei Puderzucker, Zitronensaft und -abrieb untermischen. Die Beeren verlesen, vorsichtig waschen, trocken tupfen und ggf. putzen. Größere Beeren halbieren. Einen Boden mit der Oberseite nach unten auf eine Kuchenplatte legen, gleichmäßig mit der Konfitüre einstreichen und mit den Beeren bestreuen, dabei etwas Platz zum Rand lassen. Die Sahnemischung auf der Unterseite des zweiten Kuchenbodens verstreichen, dann diesen mit der bestrichenen Seite nach unten auf den unteren Boden setzen. Den Sponge Cake mit Beeren und Zitronenabrieb garnieren und mit reichlich Puderzucker bestäuben.

BROMBEER-MASCARPONE-TARTELETTES MIT WEISSER SCHOKOLADE

[ZUBEREITEN: 40–50 MIN.   BACKEN: CA. 15 MIN.   KÜHLEN: 30 MIN. + MIND. 2 STD.]

FÜR 6 TARTELETTEFÖRMCHEN
(Ø 10 CM)

Für den Teig:

100 g Mehl

50 g gemahlene Mandeln

50 g zimmerwarme Butter

50 g Mascarpone

50 g Puderzucker

1 Prise Salz

Für die Füllung:

75 ml Sahne

Mark von 1 Vanilleschote

180 g weiße Schokolade

125 g Mascarpone

350–400 g Brombeeren

Außerdem:

Butter und Mehl für die Förmchen

Mehl für die Arbeitsfläche

Puderzucker zum Bestäuben

1 Für den Teig alle Zutaten in einer Schüssel mischen und zu einem geschmeidigen, weichen Teig verkneten. Zu einer Kugel formen, in Frischhaltefolie wickeln und für 30 Minuten kalt stellen.

2 Den Backofen auf 190 °C vorheizen. Die Tarteletteförmchen buttern und mit etwas Mehl ausstäuben, überschüssiges Mehl herausklopfen. Den Teig auf der bemehlten Arbeitsfläche ca. 4 mm dick ausrollen und die Förmchen damit auskleiden, dabei die Ränder gut andrücken. Die Böden mehrfach mit einer Gabel einstechen. Die Tartelettes ca. 15 Minuten im Ofen backen. Dann herausnehmen und in den Förmchen auskühlen lassen.

3 Für die Füllung die Sahne mit dem Vanillemark in einem kleinen Topf aufkochen. Die Schokolade in Stücke brechen. Den Topf vom Herd nehmen und die Schokolade in der heißen Vanillesahne unter Rühren schmelzen. Die Masse abkühlen lassen, bis sie etwas fester wird. Dann den Mascarpone nach und nach untermischen.

4 Die Brombeeren verlesen, vorsichtig waschen und trocken tupfen. Die ausgekühlten Teigböden behutsam aus den Förmchen lösen. Die Schokoladen-Mascarpone-Creme bis kurz unter den Rand einfüllen und glatt streichen. Mit den Brombeeren garnieren. Die Tartelettes für mindestens 2 Stunden kalt stellen, bis die Creme fest geworden ist. Mit Puderzucker bestäubt servieren.

STACHELBEER-BAISER-TARTE

[ZUBEREITEN: CA. 45 MIN. BACKEN: 30–35 MIN.]

FÜR 1 TARTE- ODER SPRINGFORM
(Ø 26 CM)

Für den Teig:

180 g Mehl

25 g gemahlene Haselnüsse

1½ TL Backpulver

1 Prise Salz

60 g Zucker

3 Eigelb

Mark von 1 Vanilleschote

100 g zimmerwarme Butter

Für den Belag:

500 g grüne oder rote Stachelbeeren
(alternativ Stachelbeeren aus dem
Glas, ca. 390 g Abtropfgewicht)

2 EL gemahlene Haselnüsse

Für das Baiser:

3 Eiweiß

125 g Puderzucker

1 TL Limettensaft

Außerdem:

Butter und Mehl für die Form

1 Für den Teig Mehl, Haselnüsse, Backpulver, Salz und Zucker in einer Schüssel mischen. Eigelbe, Vanillemark und Butter zugeben und alles zu einem glatten Teig verarbeiten.

2 Den Backofen auf 190 °C vorheizen, die Form gründlich buttern und mit Mehl ausstäuben, überschüssiges Mehl herausklopfen. Für den Belag die Stachelbeeren verlesen, waschen und trocken tupfen. Den Teig gleichmäßig in der Form verteilen (auch bei Verwendung einer Springform einen 2,5–3 cm hohen Rand formen) und mit gemahlenen Haselnüssen bestreuen. Die Stachelbeeren daraufgeben.

3 Für das Baiser die Eiweiße in einer Schüssel steif schlagen, dabei Puderzucker und Limettensaft untermischen. Den Eischnee wellenförmig auf den Stachelbeeren verstreichen und die Tarte in 30–35 Minuten goldbraun backen. Sollte das Baiser gegen Ende der Backzeit zu dunkel werden, kann die Tarte locker mit Backpapier abgedeckt werden. Anschließend aus dem Ofen nehmen und kurz abkühlen lassen. Dann aus der Form lösen und in Stücke schneiden.

MARMORIERTE PAVLOVA MIT BEEREN

[ZUBEREITEN: CA. 45 MIN.   BACKEN: CA. 1 STD.]

FÜR 1 KLEINE PAVLOVA
BZW. 6 PERSONEN

Für das Baiser:

4 zimmerwarme Eiweiß (140–150 g)

1 Prise Salz

200 g Zucker

2 TL Speisestärke

1 TL Weißweinessig

2 TL passiertes Himbeerpüree
(alternativ Himbeerkonfitüre
ohne Kerne)

Für die Füllung:

200 ml Sahne

1–2 EL Puderzucker

Mark von 1 Vanilleschote

1 TL Bio-Zitronenabrieb

200 g gemischte Beeren
(z. B. Himbeeren, Blaubeeren,
Johannisbeeren, Erdbeeren)

1 Den Backofen auf 150 °C vorheizen, ein Backblech mit Backpapier auslegen und darauf mit Bleistift dünn einen Kreis (ø 20 cm) einzeichnen. Für das Baiser die Eiweiße mit dem Salz halb steif schlagen. Nach und nach den Zucker einrieseln lassen, dabei weitermixen, bis eine sehr steife, glänzende Masse entsteht, die kleine Spitzen bildet. Die Speisestärke sieben und mit dem Essig untermischen.

2 Die Baisermasse gleichmäßig mit einer Palette oder einem Teigschaber 4–5 cm hoch in den vorgezeichneten Kreis auf das Blech streichen, dabei auf der Oberfläche eine flache Mulde formen. Mit einer Kuchengabel am Rand spiralförmig etwas Beerenpüree einarbeiten, sodass das Baiser rundherum eine schöne Marmorierung erhält. Die Ofentemperatur auf 120 °C reduzieren und die Pavlova ca. 1 Stunde backen. Anschließend im ausgeschalteten, leicht geöffneten Ofen vollständig auskühlen lassen. (Falls die Pavlova zu dunkel geworden ist, den Ofen ruhig ganz öffnen.)

3 Für die Füllung die Sahne steif schlagen, dabei den Puderzucker, das Vanillemark und den Zitronenabrieb untermischen. Die Beeren verlesen, vorsichtig waschen, trocken tupfen und ggf. putzen. Größere Beeren halbieren bzw. vierteln. Die Sahne auf der ausgekühlten Pavlova verstreichen oder mithilfe eines Spritzbeutels aufspritzen. Die Beeren darauf verteilen.

• VERY BERRY SWEET •

SÜSSE FRÜCHTCHEN ZUM DESSERT

58
ERDBEEREIS AM STIEL

60
BLAUBEER-TRIFLE

62
KÄSEKUCHEN-DESSERT
MIT HIMBEERSOSSE

64
QUARK-MOHN-CREME
MIT ERDBEERMUS

66
BROMBEER-LIMETTEN-EIS

68
MILCHREIS
MIT ROTER GRÜTZE

70
JOHANNISBEER-SORBET

72
CRÊPES MIT PREISELBEERKOMPOTT

74
WALDBEEREN-CRUMBLE
MIT ÄPFELN UND MARZIPAN

76
ETON-MESS-SEMIFREDDO
MIT PISTAZIEN

ERDBEEREIS AM STIEL

[ZUBEREITEN: 20–30 MIN.   TIEFKÜHLEN: MIND. 5 STD.]

FÜR CA. 8 KLEINE EIS-AM-STIEL-
FORMEN (JE NACH GRÖSSE)

250 g Erdbeeren (alternativ
TK-Erdbeeren, aufgetaut)

150 g Puderzucker

150 g griechischer Joghurt
(10 % Fettanteil)

100 g Crème fraîche

2 TL Limettensaft

Mark von 1 Vanilleschote

Außerdem:

Ca. 8 Eis-am-Stiel-Formen

Ca. 8 Eisstäbchen aus Holz

1 Die Erdbeeren verlesen, waschen, trocken tupfen und putzen. Mit 75 g Puderzucker fein pürieren. In einer Schüssel Joghurt, Crème fraîche, übrigen Puderzucker, Limettensaft und Vanillemark glatt rühren. Das Erdbeerpüree zufügen und nur kurz mit einem Esslöffel untermischen, sodass eine marmorierte Creme entsteht.

2 Die Creme in die Eis-am-Stiel-Formen füllen und für ca. 1½ Stunden im Tiefkühlfach anfrieren lassen. Dann in jedes Eis ein Eisstäbchen aus Holz stecken und die Formen für mindestens 3½ weitere Stunden in das Gefrierfach geben. Anschließend das Erdbeereis aus den Formen lösen und sofort genießen.

· TIPP ·

Die Erdbeeren lassen sich problemlos durch andere Beeren ersetzen. Himbeeren oder Blaubeeren sollten nach dem Pürieren allerdings besser passiert werden, damit das Eis möglichst fein und cremig wird.

BLAUBEER-TRIFLE

[ZUBEREITEN: CA. 1 STD.   BACKEN: 22–25 MIN.]

FÜR 4–6 DESSERTGLÄSER
(Ø 6–8 CM)

Für den Biskuit:

3 Eier

70 g Zucker

50 g Mehl

2 EL Speisestärke

1½ EL Kakaopulver

Für die Füllungen:

600 g Blaubeeren

60 g Gelierzucker (3:1)

2 EL Saft und 1 TL Abrieb
von 1 Bio-Orange

100 g Vollmilchschokolade

25 g Zartbitterschokolade

3 Eigelb

25 g Zucker

30 g Speisestärke

350 ml Milch

300 ml Sahne

1 Pck. Vanillezucker

Außerdem:
Butter und Mehl für die Form

1 Für den Biskuit den Backofen auf 180 °C vorheizen. Eine Springform (ø 20 cm) buttern und mit Mehl ausstäuben, überschüssiges Mehl herausklopfen. Die Eier mit dem Zucker in ca. 5 Minuten dickschaumig schlagen. Mehl, Stärke und Kakao darübersieben und behutsam unterheben. Den Teig in die Form füllen, glatt streichen und 22–25 Minuten backen. Anschließend aus dem Ofen nehmen und in der Form abkühlen lassen. Dann auf ein Kuchengitter stürzen.

2 Für die Füllungen die Blaubeeren verlesen, vorsichtig waschen und trocken tupfen. Einige Beeren zum Garnieren beiseitelegen. 250 g abwiegen und mit Gelierzucker und Orangensaft pürieren. Die Mischung durch ein feines Sieb in einen kleinen Topf streichen und aufkochen. Unter permanentem Rühren ca. 5 Minuten sprudelnd kochen. Orangenabrieb untermischen und das Blaubeergelee abgedeckt abkühlen lassen.

3 Die Schokolade hacken. Eigelbe, Zucker und Stärke in einem Topf mischen und erhitzen. Die Milch zugießen und bei geringer bis mittlerer Temperatur verrühren, bis die Creme eindickt. Sie darf nicht kochen! Den Topf vom Herd ziehen, die Schokolade zugeben und unter Rühren schmelzen. Die Creme abkühlen lassen. Die Sahne steif schlagen, dabei den Vanillezucker einrieseln lassen.

4 Den ausgekühlten Biskuit horizontal halbieren und aus beiden Böden insgesamt 8–12 Kreise in der Größe der Dessertgläser ausstechen. Je einen Teigkreis in ein Glas legen, mit etwas Blaubeergelee bestreichen und mit einigen Beeren belegen. Darauf je eine Schicht Schokoladencreme und eine Schicht Vanillesahne geben. Dann erneut einen Teigkreis auflegen und mit dem Schichten wie beschrieben fortfahren, sodass jeder Trifle aus insgesamt zehn Schichten besteht. Übrig gebliebenen Biskuit nach Belieben fein würfeln und die oberste Sahneschicht damit bestreuen. Mit den beiseitegelegten Blaubeeren garniert servieren.

KÄSEKUCHEN-DESSERT MIT HIMBEERSOSSE

[ZUBEREITEN: CA. 50 MIN.   KÜHLEN: MIND. 8 STD.   BACKEN: CA. 8 MIN.]

FÜR 4 PERSONEN

Für die Creme:
200 g Doppelrahm-Frischkäse
150 g Mascarpone
40 g Zucker
1 Pck. Vanillezucker
100 ml Sahne
Abrieb von ½ Bio-Zitrone

Für den Crumble:
80 g Vollkorn-Butterkekse
25 g gemahlene Haselnüsse
1 EL brauner Zucker
1 Prise Meersalz
50 g Butter

Für die Soße:
200 g Himbeeren (alternativ TK-Himbeeren, aufgetaut)
1–2 TL Puderzucker
1 gestrichener TL Speisestärke

Außerdem:
Himbeeren und 8 Blättchen Zitronenmelisse zum Garnieren
Puderzucker zum Bestäuben

1 Am Vortag die Creme zubereiten. Hierfür Frischkäse und Mascarpone in einer Schüssel langsam cremig rühren, bis keine Klümpchen mehr zu sehen sind, dabei Zucker und Vanillezucker einrieseln lassen. Die Sahne sehr steif schlagen und mit dem Zitronenabrieb behutsam unter die Creme heben. Die Creme mit Frischhaltefolie abdecken und mindestens 8 Stunden, besser über Nacht, kalt stellen, bis sie etwas fester geworden ist.

2 Am nächsten Tag für den Crumble den Backofen auf 170 °C vorheizen und ein Backblech mit Backpapier auslegen. Die Butterkekse in einen Gefrierbeutel geben und mit dem Nudelholz fein zerstoßen. In einer Schüssel mit Haselnüssen, Zucker und Salz mischen. Die Butter zerlassen und zur Keksmischung geben. Alles mit den Fingern zu einer krümeligen Masse vermengen und auf dem Blech verteilen. Den Kekscrumble in ca. 8 Minuten goldbraun backen. Anschließend aus dem Ofen nehmen und abkühlen lassen.

3 Für die Soße die Beeren verlesen, vorsichtig waschen und trocken tupfen, dann pürieren und durch ein feines Sieb in einen kleinen Topf passieren. Mit dem Puderzucker erhitzen. Die Stärke mit 1–2 EL kaltem Wasser glatt rühren und zugießen. Alles einmal aufkochen und bei niedriger Temperatur unter gelegentlichem Rühren 2–3 Minuten köcheln lassen, bis die Soße leicht eindickt. Beiseitestellen und abkühlen lassen.

4 Je einen großen Klecks Himbeersoße auf vier Dessertteller geben. Etwas Creme daraufsetzen und großzügig mit dem Crumble bestreuen. Mit Himbeeren und Zitronenmelisse garnieren und mit Puderzucker bestäubt servieren.

QUARK-MOHN-CREME MIT ERDBEERMUS

[ZUBEREITEN: CA. 45 MIN.   QUELLEN: 15 MIN.   KÜHLEN: MIND. 2 STD.]

FÜR 4–6 PERSONEN

30 g gemahlener Mohn

4 EL Milch

15 g Zucker

15 g Butter

120 g weiße Schokolade

500 g Magerquark

200 ml Sahne

2 Pck. Vanillezucker

450 g Erdbeeren (alternativ 300 g TK-Erdbeeren, aufgetaut)

2 EL Erdbeerkonfitüre

Außerdem:
Geraspelte weiße Schokolade zum Garnieren

1 Den Mohn mit 2 EL Milch und dem Zucker verrühren. Die Butter in einem kleinen Topf zerlassen, die Mohnmischung unterrühren. Alles ca. 2 Minuten bei niedriger Temperatur unter Rühren erhitzen, dann den Topf vom Herd ziehen und die Mohnmischung 15 Minuten quellen lassen.

2 Die Schokolade grob hacken und über dem heißen Wasserbad mit der restlichen Milch unter Rühren schmelzen. Abkühlen lassen.

3 Den Quark in einer Schüssel cremig rühren, dann die abgekühlte Schokolade und die Mohnmischung untermengen. Die Sahne mit dem Vanillezucker steif schlagen und behutsam unter die Quarkmasse heben.

4 Die Erdbeeren verlesen, waschen, trocken tupfen und putzen. Mit der Konfitüre fein pürieren. Die Quark-Mohn-Creme auf Dessertschälchen oder -gläser verteilen oder in eine große Glasschüssel füllen. Die Creme glatt streichen, mit Erdbeermus bedecken und für mindestens 2 Stunden kalt stellen. Mit geraspelter weißer Schokolade garniert servieren.

BROMBEER-LIMETTEN-EIS

[ZUBEREITEN: CA. 20 MIN.   TIEFKÜHLEN: 25–30 MIN.]

FÜR 4 PERSONEN

400 g Brombeeren (alternativ
TK-Brombeeren, aufgetaut)

140 g Zucker

1 Prise Salz

Mark von ½ Vanilleschote

Saft und Abrieb von ½ Bio-Limette

200 ml Sahne

Außerdem:

2 Handvoll Brombeeren
zum Garnieren

1   Die Brombeeren verlesen, vorsichtig waschen und trocken tupfen. Mit Zucker, Salz, Vanillemark, Limettensaft und -abrieb sehr fein pürieren.

2   Die Sahne steif schlagen und unter die Brombeermischung ziehen. Die Masse in eine Eismaschine geben und in 25–30 Minuten gefrieren lassen.

3   Das Brombeereis auf Dessertschälchen verteilen und mit Brombeeren garniert servieren.

· TIPP ·

Das Eis lässt sich auch ohne Eismaschine im Gefrierfach zubereiten, wird dann allerdings nicht so schön cremig. Außerdem sollte es alle 20–30 Minuten gut umgerührt werden, damit sich nicht so viele Eiskristalle bilden. Das Eis muss mehrere Stunden gefrieren, bis es die gewünschte Konsistenz erreicht hat.

MILCHREIS MIT ROTER GRÜTZE

[ZUBEREITEN: CA. 30 MIN.   KOCHEN: 10 + CA. 25 MIN.   ZIEHEN: CA. 30 MIN.]

FÜR 4 PERSONEN

Für die Rote Grütze:

Je 150 g Himbeeren, Rote Johannisbeeren und Erdbeeren (alternativ TK-Beeren, aufgetaut)

100 g Jostabeeren

100 g Sauerkirschen ohne Stein (Glas)

80 g Zucker

300 ml Kirsch- oder Johannisbeersaft

1 Vanilleschote

½ Zimtstange

Schale von ½ Bio-Zitrone

20 g Speisestärke

Für den Milchreis:

500 ml Milch

1 Prise Salz

125 g Milchreis

½ TL Zimt

1–2 EL brauner Zucker

1 Für die Rote Grütze die Beeren verlesen, vorsichtig waschen, trocken tupfen und ggf. putzen. Die Erdbeeren je nach Größe vierteln oder halbieren. Die Sauerkirschen abtropfen lassen (nach Belieben den Saft auffangen und für den Sud verwenden). Alle Beeren und die Sauerkirschen in eine große Schüssel geben.

2 Den Zucker in einem kleinen Topf bei niedriger Temperatur erhitzen und goldbraun karamellisieren. Mit Kirsch- oder Johannisbeersaft ablöschen. Die Vanilleschote längs aufschlitzen, das Mark herauskratzen und für den Milchreis beiseitestellen. Die Schote mit der Zimtstange und der Zitronenschale in den Topf geben und die Flüssigkeit bei niedriger Temperatur 10 Minuten köcheln lassen. Die Speisestärke in einem kleinen Schälchen mit etwas kaltem Wasser verrühren und zugeben. So lange weiterköcheln und rühren, bis der Sud leicht eindickt.

3 Den heißen Sud durch ein Sieb über die Beeren gießen und vorsichtig untermengen. Die Schüssel mit Frischhaltefolie abdecken und die Rote Grütze ca. 30 Minuten ziehen und abkühlen lassen.

4 Währenddessen den Milchreis zubereiten. Dafür die Milch mit dem beiseitegestellten Vanillemark und dem Salz in einem Topf zum Kochen bringen. Den Milchreis zufügen und bei niedriger bis mittlerer Temperatur unter regelmäßigem Rühren in ca. 25 Minuten garen. Zimt und Zucker mischen und zwei Drittel unterrühren.

5 Den noch warmen Milchreis auf Schälchen oder Dessertteller verteilen (nach Belieben in einem Servierring anrichten), mit dem übrigen Zimtzucker bestreuen und einen großzügigen Klecks Rote Grütze daraufgeben.

JOHANNISBEER-SORBET

[ZUBEREITEN: CA. 15 MIN.   TIEFKÜHLEN: 3 STD.]

FÜR 4 PERSONEN

700 g Rote Johannisbeeren
200 ml Johannisbeersaft
1–2 EL Cassislikör
80 g Zucker
Mark von 1 Vanilleschote
¼ TL Zimt

Außerdem:
Puderzucker zum Bestäuben

1 Die Johannisbeeren vorsichtig waschen und trocken tupfen. Vier kleine Rispen beiseitelegen, die übrigen Beeren abstreifen. Die Rispen und die losen Beeren für 3 Stunden in das Gefrierfach geben. Johannisbeersaft und Cassislikör mischen und in den letzten 30 Minuten mit in das Gefrierfach stellen.

2 Die losen Beeren mit der Saftmischung in einen hohen Behälter geben. Zucker, Vanillemark und Zimt zufügen und alles fein pürieren.

3 Das Sorbet sofort auf vier eisgekühlte Dessertgläser verteilen und mit je einer Rispe garnieren. Mit Puderzucker bestäubt servieren.

CRÊPES MIT PREISELBEERKOMPOTT

[ZUBEREITEN: CA. 45 MIN.   QUELLEN: 20 MIN.]

FÜR 4 CRÊPES

Für die Crêpes:
100 g Mehl
220 ml Vollmilch
1 Ei
¼ TL Zimt
1 Prise Salz
30 g Zucker

Für das Kompott:
150 g Preiselbeeren
(alternativ aus dem Glas)
2 EL Zucker
4 EL Orangensaft
Abrieb von ½ Bio-Zitrone
1 TL Speisestärke

Außerdem:
200 ml Sahne
2 EL Zucker
Mark von 1 Vanilleschote
1 TL Zitronensaft
Butter zum Ausbacken
Vanillezucker zum Bestreuen

1 Für die Crêpes Mehl, Milch, Ei, Zimt, Salz und Zucker in einer Schüssel verrühren. Den Teig 20 Minuten quellen lassen.

2 Für das Kompott die Preiselbeeren verlesen, vorsichtig waschen und trocken tupfen. Den Zucker in einem Topf hellbraun karamellisieren. Mit Orangensaft ablöschen und 3–4 Minuten köcheln lassen, bis sich der Zucker vollständig gelöst hat. Die Preiselbeeren mit dem Zitronenabrieb zugeben und ca. 5 Minuten bei mittlerer Temperatur köcheln lassen (Beeren aus dem Glas benötigen nur ca. 2 Minuten). Die Stärke mit 2 EL kaltem Wasser glatt rühren und unter die Preiselbeeren mischen. Sollte das Kompott zu flüssig sein, etwas Saft abgießen.

3 Die Sahne steif schlagen, dabei den Zucker einrieseln lassen. Vanillemark und Zitronensaft unterrühren.

4 Etwas Butter in einer beschichteten Pfanne erhitzen und eine große Kelle Teig hineingeben. Den Crêpe nach 1–2 Minuten wenden und in weiterer 1–2 Minuten goldbraun backen. Auf diese Weise vier Crêpes backen.

5 Die Crêpes mit Vanillesahne und lauwarmem Kompott füllen und aufrollen. Mit etwas Vanillezucker bestreut servieren. Die restliche Sahne und übriges Kompott dazu reichen.

WALDBEEREN-CRUMBLE MIT ÄPFELN UND MARZIPAN

[ZUBEREITEN: CA. 40 MIN.   KOCHEN: CA. 10 MIN.   BACKEN: 17–20 MIN.]

FÜR 4 PERSONEN

Für das Kompott:

2 Äpfel

1 EL Zitronensaft

1 Vanilleschote

175 ml Kirsch- oder Johannisbeersaft

50 g Zucker

250 g gemischte Waldbeeren nach Wahl (z. B. Brombeeren, Himbeeren, Johannisbeeren; alternativ TK-Waldbeeren, aufgetaut)

2 TL Speisestärke

Für den Crumble:

80 g Marzipanrohmasse

70 g kalte Butter

120 g Mehl

20 g Zucker

½ TL Zimt

1 Prise Salz

Außerdem:

4 kleine ofenfeste Förmchen

Puderzucker zum Bestäuben

1 Für das Kompott die Äpfel schälen, vom Kerngehäuse befreien und klein würfeln. Mit dem Zitronensaft vermengen. Die Vanilleschote längs aufschlitzen und das Mark herauskratzen.

2 Kirsch- oder Johannisbeersaft mit Zucker, Vanillemark und der Schote in einen Topf geben und aufkochen. Ca. 10 Minuten köcheln und etwas reduzieren lassen. Währenddessen die Beeren verlesen, vorsichtig waschen, trocken tupfen und ggf. putzen. Die Speisestärke mit etwas kaltem Wasser verrühren und in den köchelnden Sud einrühren. Sobald der Sud eingedickt ist, den Topf vom Herd ziehen und die Apfelwürfel und Beeren untermischen. Abkühlen lassen und die Vanilleschote entfernen.

3 Den Backofen auf 170 °C vorheizen. Für den Crumble das Marzipan fein hacken, die Butter in kleine Würfel schneiden. Mehl mit Zucker, Zimt und Salz mischen. Marzipan und Butter zufügen und mit den Fingern unterkneten, sodass dicke Streusel entstehen.

4 Die Förmchen zu zwei Dritteln mit dem Fruchtkompott füllen und die Streusel gleichmäßig darauf verteilen. Die Crumbles in 17–20 Minuten goldbraun backen. Anschließend aus dem Ofen nehmen, lauwarm abkühlen lassen und mit Puderzucker bestäubt servieren.

ETON-MESS-SEMIFREDDO MIT PISTAZIEN

[ZUBEREITEN: CA. 30 MIN.   TIEFKÜHLEN: MIND. 6–7 STD.]

FÜR 1 SPRINGFORM (Ø 20 CM)
BZW. 6 PERSONEN

Für das Semifreddo:

175 g Erdbeeren (alternativ
TK-Erdbeeren, aufgetaut)

Saft und Abrieb von ½ Bio-Limette

2 frische Eier

1 Prise Salz

40 g Puderzucker

150 ml Sahne

30 g Baiser

Für das Topping:

200 g Erdbeeren

2 EL Puderzucker

1 TL Limettensaft

1 große Handvoll geschälte
Pistazienkerne

Nach Belieben 1 kleine Handvoll
zerbröseltes Baiser zum Garnieren

1 Für das Semifreddo die Erdbeeren verlesen, waschen, trocken tupfen und putzen. Die Beeren je nach Größe halbieren oder vierteln und mit dem Limettensaft und -abrieb grob pürieren. Die Eier trennen. Eiweiße mit dem Salz steif schlagen, Eigelbe mit dem Puderzucker dickschaumig rühren. Die Sahne ebenfalls steif schlagen. Das Baiser zerbröseln.

2 Die Sahne unter den Eigelbschaum heben, die pürierten Erdbeeren, den Eischnee und das Baiser kurz untermengen. Die Masse in die Springform füllen, glatt streichen und abgedeckt für mindestens 6–7 Stunden in das Gefrierfach stellen.

3 Für das Topping die Erdbeeren verlesen, waschen, trocken tupfen, putzen und halbieren. Acht Hälften beiseitelegen. Die übrigen Beeren mit Puderzucker und Limettensaft pürieren, durch ein feines Sieb streichen und die Soße bis zum Servieren kalt stellen. Die Pistazien grob hacken.

4 Das Semifreddo nur kurz antauen lassen, da es schneller schmilzt als normales Eis. Dann in Stücke schneiden, auf Dessertteller verteilen, mit Soße beträufeln und mit Erdbeerhälften, Pistazien und nach Belieben mit Baiser garniert sofort servieren.

• BERRY ME •

SPIELEREIEN ZUM VERLIEBEN

FROZEN BLACKBERRY CHEESECAKE CUBES

[ZUBEREITEN: CA. 50 MIN.   TIEFKÜHLEN: 30 + 40 MIN. + 3 STD.]

FÜR CA. 30 STÜCK

Für den Boden:

100 g Amarettini

90 g Butter

75 g gemahlene Mandeln

1 EL Puderzucker

½ TL Zimt

Für die Füllung:

200 g Brombeeren (alternativ TK-Brombeeren, aufgetaut)

40 ml Ahornsirup

300 g Doppelrahm-Frischkäse

300 g Crème fraîche

60 g Zucker

1 EL Saft und Abrieb von ½ Bio-Zitrone

Außerdem:

2 Eiswürfelformen aus Silikon mit je 15 Fächern (3 x 3 cm)

30 Zahnstocher oder andere Holzstäbchen

1 Für den Boden die Amarettini in einen Gefrierbeutel füllen und mit dem Nudelholz fein zerstoßen. Die Butter in einem kleinen Topf zerlassen und mit den Amarettini, gemahlenen Mandeln, Puderzucker und Zimt vermengen. Je 1–2 TL davon auf die Fächer der Eiswürfelformen verteilen und fest am Boden andrücken. Für 30 Minuten ins Gefrierfach stellen.

2 Für die Füllung die Brombeeren verlesen, vorsichtig waschen, trocken tupfen und fein pürieren. Durch ein Sieb streichen und mit dem Ahornsirup vermengen. In einer Schüssel Frischkäse und Crème fraîche cremig rühren. Zucker, Zitronensaft und -abrieb untermischen. 280 g der Füllung abnehmen und mit dem Brombeerpüree mischen. Die helle Creme in den Kühlschrank stellen. Die dunkle Creme gleichmäßig auf dem Keksboden verstreichen und die Formen erneut für 40 Minuten in das Gefrierfach stellen. Anschließend die helle Creme glatt rühren und vorsichtig auf der Brombeercreme verstreichen. Die Form nochmals für 3 Stunden in das Gefrierfach stellen. Nach ca. 30 Minuten in jeden Würfel einen Zahnstocher stecken, so lassen sie sich später besser lösen.

3 Vor dem Servieren mit einem spitzen kleinen Messer am Rand der Würfel entlangfahren, dann die Würfel vorsichtig von unten hochdrücken und an den Zahnstochern herausziehen. Sofort servieren.

SÜSSE ERDBEERSUPPE MIT JOGHURT-KRÄUTER-NOCKEN

[ZUBEREITEN: CA. 40 MIN.   KÜHLEN: CA. 20 MIN. + CA. 2½ STD.]

FÜR 4 PERSONEN

Für die Nocken:

Je 2 Stängel Basilikum, Minze und Zitronenmelisse

250 g Naturjoghurt (3,5 % Fettanteil)

80 g Puderzucker

3 Blatt Gelatine

Saft und Abrieb von 1 Bio-Limette

150 ml Sahne

Für die Suppe:

750 g Erdbeeren

80 g Puderzucker

150 ml Champagner oder Sekt

Außerdem:

Minzeblättchen zum Garnieren

Puderzucker zum Bestäuben

1 Für die Nocken Basilikum, Minze und Zitronenmelisse abbrausen, trocken schütteln und die Blättchen abzupfen. Joghurt, Puderzucker und Kräuterblättchen in einen Mixer geben und fein pürieren. Die Masse in eine Schüssel umfüllen.

2 Die Gelatine 5 Minuten in kaltem Wasser einweichen. Den Limettensaft in einem kleinen Topf bei niedriger Temperatur erwärmen. Die Gelatine ausdrücken und in dem heißen (nicht kochenden!) Limettensaft auflösen. Nach und nach 3 EL von der Joghurtmasse unter die Gelatine-Limetten-Mischung rühren. Den Topfinhalt und den Limettenabrieb zur restlichen Joghurtmasse in die Schüssel geben und alles gut vermengen. Die Creme für ca. 20 Minuten in den Kühlschrank stellen.

3 Währenddessen die Sahne steif schlagen. Sobald die Creme zu gelieren beginnt, die Sahne unterheben. Die Mousse mit Frischhaltefolie abdecken und in ca. 2½ Stunden im Kühlschrank fest werden lassen.

4 Für die Suppe die Beeren verlesen, waschen, trocken tupfen und putzen. Ca. 600 g mit dem Puderzucker und dem Champagner oder Sekt pürieren und durch ein feines Sieb streichen. Die Suppe auf vier tiefe Teller oder Schälchen verteilen. Die übrigen Beeren längs vierteln und in die Suppe geben.

5 Aus der Mousse mit einem in heißes Wasser getauchten Esslöffel Nocken abstechen. Je 2–3 Nocken auf die Teller verteilen und die Erdbeersuppe mit Minzeblättchen garniert und mit Puderzucker bestäubt servieren.

JOHANNISBEER-TIRAMISU

[ZUBEREITEN: CA. 30 MIN.   ZIEHEN: 20 MIN.   KÜHLEN: MIND. 4 STD.]

FÜR 4–6 PERSONEN

250 ml Sahne

1 Ei

70 g Zucker

1 Prise Salz

250 g Mascarpone

350 g Rote Johannisbeeren
(alternativ TK-Johannisbeeren,
aufgetaut)

Saft und Abrieb von ½ Bio-Zitrone

1½ EL Vanillezucker

16 Löffelbiskuits

Außerdem:

Kakaopulver zum Bestäuben

Rote Johannisbeeren zum Garnieren

1 Die Sahne steif schlagen und beiseitestellen. Das Ei mit dem Zucker und dem Salz in einer Metallschüssel über dem heißen Wasserbad in ca. 5 Minuten schaumig schlagen. Dann im kalten Wasserbad unter Rühren abkühlen lassen. Den Mascarpone unterrühren, die geschlagene Sahne unterheben. Die Creme kalt stellen.

2 Die Johannisbeeren vorsichtig waschen, trocken tupfen und von den Rispen streifen. In einer Schüssel mit Zitronensaft und -abrieb sowie dem Vanillezucker mischen und mit einer Gabel ganz leicht zerdrücken. Die Beeren 20 Minuten ziehen lassen.

3 Die Löffelbiskuits in einen Gefrierbeutel geben und mit dem Nudelholz zerstoßen. Ein Drittel der Creme in kleine Gläschen oder eine Glasschüssel füllen und glatt streichen. Darauf zunächst gleichmäßig die Hälfte der zerstoßenen Löffelbiskuits, dann die Hälfte der Johannisbeeren verteilen. Eine zweite Lage Creme darauf verstreichen und die restlichen Biskuits und Beeren einschichten. Mit der übrigen Creme abschließen.

4 Das Tiramisu mindestens 4 Stunden abgedeckt kalt stellen. Kurz vor dem Servieren mit Kakaopulver bestäuben und mit Johannisbeeren garnieren.

HIMBEER-JOGHURT-PRALINEN MIT PISTAZIEN

[ZUBEREITEN: CA. 30 MIN.   KÜHLEN: CA. 3 + 1 STD.]

FÜR 12–18 STÜCK

3 TL gefriergetrocknete Himbeeren

2 TL geschälte Pistazienkerne

100 g weiße Schokolade

40 ml Sahne

1 EL Naturjoghurt (3,5 % Fettanteil)

Außerdem:

12–18 Pralinenhohlkörper oder
-schalen aus Vollmilchschokolade
(alternativ ca. 8 kleine Schokobecher)

Ggf. flüssige Vollmilchschokolade
zum Verschließen (bei Verwendung
von Hohlkörpern)

1   Die Himbeeren und Pistazien fein hacken. Die Schokolade in Stücke brechen.

2   Die Sahne in einem kleinen Topf erhitzen, vom Herd ziehen, die Schokolade zugeben und darin unter Rühren schmelzen. Beeren und Pistazien untermengen und zuletzt den Joghurt unterrühren.

3   Die Creme mithilfe eines Spritzbeutels mit feiner Lochtülle in die Schokoladenhohlkörper spritzen, sodass sie zu drei Vierteln gefüllt sind. Alternativ die Creme in Pralinenschalen oder Schokobecher füllen. Die Pralinen mit der Öffnung nach oben in ca. 3 Stunden im Kühlschrank fest werden lassen. Dann etwas flüssige (aber kalte!) Vollmilchschokolade in einen Spritzbeutel mit feiner Lochtülle füllen und die Pralinen damit verschließen. Erneut für 1 Stunde kalt stellen.

· TIPP ·

Besonders hübsch sehen die Pralinen aus, wenn sie noch mit feinen Streifen aus weißer Schokolade dekoriert werden.

SÜSSER BLAUBEER-FLAMMKUCHEN MIT HASELNÜSSEN

[ZUBEREITEN: CA. 40 MIN.   GEHEN: 40 MIN.   BACKEN: 12–14 MIN.]

FÜR 2 KLEINE FLAMMKUCHEN

Für den Teig:

10 g Frischhefe

175 g Mehl

30 g Zucker

1 Prise Salz

Für den Belag:

80 g Vollmilchschokolade

75 g Mascarpone

40 ml Sahne

1 TL Amaretto

½ TL Zimt

125 g Blaubeeren (alternativ
TK-Blaubeeren, aufgetaut)

30 g geschälte Haselnusskerne

30 g brauner Zucker

Außerdem:

Mehl für die Arbeitsfläche

Fein geraspelte weiße Schokolade
oder Puderzucker zum Garnieren

1 Für den Teig die Hefe in eine Schüssel mit 80 ml lauwarmem Wasser bröseln und darin auflösen. Mehl, Zucker und Salz zufügen und alles zu einem glatten Teig verkneten. Den Teig mit Frischhaltefolie abdecken und 40 Minuten an einem warmen Ort gehen lassen.

2 Für den Belag die Schokolade hacken. Den Mascarpone mit der Sahne und dem Amaretto in einem kleinen Topf erhitzen und so lange verrühren, bis die Mischung flüssig ist. Den Topf vom Herd ziehen und die gehackte Schokolade darin unter Rühren schmelzen. Den Zimt untermischen und die Creme abkühlen lassen. Die Blaubeeren verlesen, vorsichtig waschen und trocken tupfen. Die Haselnüsse fein hacken.

3 Den Ofen auf 220 °C vorheizen und ein Backblech mit Backpapier auslegen. Den Teig in zwei gleich große Portionen teilen und jeweils auf der mit Mehl bestäubten Arbeitsfläche zu einem 2 mm dünnen Fladen ausrollen. Beide Teigfladen nebeneinander auf das Blech legen und dünn mit der Creme bestreichen, dabei einen ca. 2 cm breiten Rand aussparen. Blaubeeren und Haselnüsse darauf verteilen und gleichmäßig mit braunem Zucker bestreuen. Die Flammkuchen in 12–14 Minuten goldbraun backen. Anschließend aus dem Ofen nehmen, lauwarm abkühlen lassen und mit geraspelter weißer Schokolade oder Puderzucker bestäubt servieren.

SMOOTHIE AUS BEEREN, KOKOS UND ORANGEN

[ZUBEREITEN: 20–30 MIN.]

FÜR 2 GLÄSER (À 250 ML)

2 Bio-Orangen

Mark von 1 Vanilleschote

100 g TK-Himbeeren,
nicht aufgetaut

Je 50 g TK-Blaubeeren und
TK-Brombeeren, nicht aufgetaut

150 ml Kokosmilch

3 EL Honig oder Agavendicksaft

Außerdem:

2 EL Kokosblütenzucker
(alternativ brauner Zucker)

Strohhalme zum Servieren

1 Die Orangen halbieren, drei Hälften auspressen
(es werden ca. 130 ml Saft benötigt). Von der vierten
Hälfte zwei Scheiben abschneiden und für die Garnitur
beiseitelegen.

2 Vanillemark, gefrorene Beeren, Kokosmilch, Honig
oder Agavendicksaft und Orangensaft in einen Mixer
geben und mindestens 4 Minuten cremig pürieren,
anschließend durch ein feines Sieb passieren, um die
Kerne zu entfernen.

3 Den Zucker auf einen flachen Teller geben. Die
Gläserränder mit etwas Wasser anfeuchten und in den
Zucker stippen. Die Smoothies einfüllen und mit je einer
Orangenscheibe garnieren. Mit Strohhalm servieren.

BEEREN-MACARONS

[ZUBEREITEN: CA. 1 STD.   RUHEN: 30 MIN.   BACKEN: CA. 15 MIN.]

FÜR CA. 24 MACARONS

Für den Teig:

85 g gemahlene geschälte Mandeln

140 g Puderzucker

2 Eiweiß (70 g)

20 g Zucker

Für die Füllungen:

120 g weiße Schokolade

50 ml Sahne

20 g passiertes Brombeerpüree
oder Brombeerkonfitüre ohne Kerne

20 g passiertes Himbeerpüree
oder Himbeerkonfitüre ohne Kerne

Außerdem:

Nach Belieben Brombeeren
und Himbeeren zum Servieren

1 Den Ofen auf 150 °C vorheizen und ein Backblech mit Backpapier auslegen. Für den Teig die Mandeln mit dem Puderzucker in einen Mixer geben und sehr fein mahlen (je feiner, desto glatter wird später die Oberfläche der Macarons). Die Mandelmischung anschließend durch ein feines Sieb geben.

2 Die Eiweiße steif schlagen, dabei nach und nach den Zucker einrieseln lassen. Die Mandelmischung anschließend in ca. 5 Schritten behutsam unter den Eischnee heben (keinesfalls rühren!), bis ein homogener Teig entstanden ist (alles nur vorsichtig und nicht zu lange vermengen, damit die Macarons schön aufgehen). Die Teigmasse in einen Spritzbeutel mit kleiner Lochtülle füllen und gleichmäßige Kreise (ø ca. 3 cm) auf das Blech spritzen.

3 Die Teigkreise 30 Minuten ruhen und antrocknen lassen, dann das Blech vorsichtig auf die unterste Schiene des Ofens schieben. Die Ofentür sollte während des Backens mithilfe eines Kochlöffels einen kleinen Spalt (ca. 5 cm) geöffnet bleiben, damit die Feuchtigkeit entweichen kann. Die Macarons ca. 15 Minuten backen. Anschließend aus dem Ofen nehmen und auf dem Blech vollständig auskühlen lassen.

4 Für die Füllungen die Schokolade grob hacken und mit der Sahne über dem nicht allzu heißen Wasserbad unter Rühren langsam schmelzen. Die Schokoladenmasse auf zwei Schälchen verteilen und jeweils mit Brombeer- und Himbeerpüree mischen. Die Cremes abkühlen lassen, dann glatt rühren. Die Füllungen auf zwei Spritzbeutel mit feiner Lochtülle verteilen und auf die Hälfte der gebackenen Teigkreise spritzen. Die übrigen Teigkreise vorsichtig daraufsetzen und leicht andrücken. Die Macarons trocknen lassen und auf einer Servierplatte oder Etagere nach Belieben mit Beeren anrichten.

REGISTER

CHRISTIN GEWEKE ist freie Kochbuch-Redakteurin, zuvor war sie als Lektorin in verschiedenen Verlagshäusern tätig. Neben dem Schreiben gehört vor allem das Backen zu ihren großen Leidenschaften. Daher steht sie auch in jeder freien Minute in der Küche und tüftelt an neuen Kuchenrezepten. Mit Mann, Kind und Katze lebt sie in der Nähe von Celle auf dem Land.

2016 ist im Hölker Verlag ihr erstes Backbuch *I ♥ Cheesecake* erschienen.

Für Magdalene

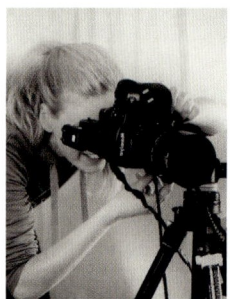

FRAUKE ANTHOLZ ist als freie Food-Fotografin tätig. Am liebsten steht sie selbst in der Küche, kocht, backt und stylt, bevor sie mit viel Liebe zum Detail den Moment einfängt. Ihre Fotografien erscheinen regelmäßig in Magazinen und Büchern. Sie lebt in der Nähe von Kiel und genießt während der Arbeit den entspannten Blick auf Wald und Wiese.

MIX
Papier aus verantwortungsvollen Quellen
FSC
www.fsc.org
FSC® C002795

5 4 3 2 1   21 20 19 18 17
978-3-88117-122-9

Text: Christin Geweke
Fotografie: Frauke Antholz
Covergestaltung & Layout: Stefanie Wawer, Münster
Satz & Litho: typocepta, Köln

www.hoelker-verlag.de